AF509262

*Ex Libris Pierres de la ſoue*

# FACTUM,
## De Madame la Comteſſe de Grancey.

*CONTRE Monſieur le Comte de Grancey ſon mary.*

A perſecution de la Maiſon de Grancey, ſous laquelle je gemis depuis tant d'années, eſt ſi cruelle; que je ne puis plus, ſans trahir mon innocence & mon honneur, m'empêcher de la faire éclater. Je n'ay plus de meſures à garder avec Mr l'Archevê-que de Roüen, qui eſt le chef & l'ame de cette Maiſon, puiſque ny l'âge de quatre-vingt-ſept ans, ny le Chriſtianiſme, ny le Caractere d'E-vêque, n'ont pû luy faire ſentir l'horrible ſcandale que cauſe un divorce de quinze années, dont il eſt l'autheur. Luy! qui, pour remplir les devoirs de ſon miniſtere, ſeroit obligé de travailler à rétablir l'union & la paix dans les moindres familles de ſon Dioçeſe, a mis au contraire le trouble & le deſordre dans la ſienne.

Pour convaincre ce Prelat, & me juſtifier, je n'ay pas voulu chercher le ſecours de l'Eloquence : J'ay crû que l'Innocence outragée n'avoit beſoin que d'Elle-même pour ſe ſoûtenir, & que par le ſimple recit de mes malheurs, je ferois bien mieux connoître la juſtice de mes plaintes, que par tous les ornemens étrangers que j'aurois pû emprunter. Si des intereſts, mille fois moins ſenſibles que celuy de l'honneur, ont ſouvent produit des effets extraordinaires, n'ay je pas lieu d'eſperer que le Ciel & mon Inno-cence, me preſteront des lumieres que la nature refuſe à la plus part des perſonnes de mon ſexe?

Quoyqu'il n'y ait perſonne qui puiſſe doûter de la validité de mon ma-riage, & que mes premiers Factums, & la Sentence de confirmation de l'Officialité de Sens, ayent deſabuſé le Public des fauſſes impreſſions que Mr l'Archevêque de Roüen avoit voulu donner contre moy, la cruelle maniere, dont il continuë ſon injuſtice, m'engage dans un recit exact de de tout ce qui s'eſt paſſé : Je ne veux pour toute défenſe que la verité, & je le deffie, auſſi-bien que Mr le Comte de Grancey mon Mary, de me convaincre de menſonge dans tout ce que je vay avancer contre eux.

En l'année mil ſix cens ſoixante-douze, ma Mere, après une longue ma-ladie, crût que le changement d'air contribuëroit au rétabliſſement de ſa ſanté. Elle forma pour mon malheur le deſſein d'aller paſſer quelque mois

A

à Gomer-Fontaine, dont l'Abbeſſe , ſœur de Mr l'Archevêque de Roüen, & Tante du Comte de Grancey , eſtoit des amies de ma famille il y avoit plus de dix ans. Cette Dame receût ma Mere, comme une Perſonne , à qui elle avoit de ſenſibles obligations, ayant trouvé quelquefois auprés de feu mon Pere, des ſecours d'argent , que ſes plus proches ne luy auroient peut-être pas offerts. J'avois dans ce Monaſtere une Sœur cadette, & pour moy c'étoit la ſeconde fois que j'y retournois. J'étois à peine ſortie de l'enfance , & cependant les Dames Abbeſſes de Gomer-Fontaine, de ſaint Nicolas , & de Vignats , à preſent Abbeſſe de ſaint Mandé, dont les deux dernieres étoient Sœurs de Mr le Comte de Grancey, me deſtinerent pour Epouſe à feu Mr le Marquis ſon frere puiſné, qui étoit chef d'Eſcadre des Armées du Roy. Elles en écrivirent à Mr l'Archevêque de Roüen,& cette propoſition luy plût ſi fort, qu'il prit la peine de me venir voir. Il me donna alors des loüanges, que je ne prevoyois pas devoir être ſuivies d'une infinité de mauvais traitemens. Mr le Comte de Grancey,Frere aîné du Marquis, ayant perdu Madame ſa Femme en ce temps-là , Mr l'Archevêque changea le deſſein qu'il avoit fait de me marier au Marquis, & reſolut de me donner au Comte. Il l'envoya exprés à Gomer-Fontaine pour me voir, & le chargea de cette Lettre pour Madame l'Abbeſſe. Au reſte, ſi elle paroît ennuieuſe, auſſi-bien que celles qui ſuivent , ce n'eſt ny ma faute, ny celle de la Maiſon de Grancey; Elle y a ſans doute employé le plus fin de ſon eſprit, & à mon égard je ne les rapporte que parce qu'elles prouvent manifeſtement la mauvaiſe foy de mes parties.

## Lettre de Monſieur l'Archevêque de Roüen à Madame l'Abbeſſe de Gomer-Fontaine , du 22. Octobre 1672.

# Ma soeur,

*Pour ce que vous m'écrivez , le Comte de Grancey va vous voir , & je m'aſſure qu'il verra la maiſtreſſe que vous voulez donner à ſon frere. Ie l'aimerois autant pour luy que pour perſonne , parce que ſon beau-Pere luy pourroit eſtre utile dans ſes affaires : Grancey eſt un lieu où il pourroit tarder ; mais je vois deux inconveniens : Le premier qu'une fille n'aime pas à paſſer avec tant de Garçons. Le ſecond qu'il ſemble qu'un homme , qui ſonge aſſez-toſt à ſe remarier n'aimoit guere une femme ; cependant avec cette diſpoſition jamais homme n'a plus aimé ſa femme : Deſorte que pour cette raiſon l'on ne ſçait comment engager la choſe. Il eſt bon neanmoins que vous ne luy en faſſiez pas perdre l'eſperance pour le dégager d'autre part.*

Les termes de cette Lettre, nonseulement ne laissent pas lieu de douter, que M<sup>r</sup> l'Archevêque de Roüen n'ait desiré que je fusse mariée avec son Neveu; mais encore ils font connoître la crainte qu'il avoit d'être refusé. M<sup>r</sup> le Comte de Grancey arriva à l'Abbaye où j'estois : sans m'instruire du dessein que l'on avoit, on me fit aller au Parloir où il m'attendoit : Je ne luy pleus que trop, malgré le peu d'envie que j'eus de luy plaire, & je fus assez malheureuse pour faire une conquête si funeste à mon repos. Le Comte impatient, parce qu'il étoit amoureux, alla rejoindre l'Archevêque son oncle, pour le conjurer de travailler à son bonheur, & il envoya un Lacquais à Gomer-Fontaine, chargé de ces trois Lettres.

## Lertre à Mademoiselle de la Vallée, de Madame de Grancey, alors Religieuse de Vignats, & presentement Abbesse du Parc-aux-Dames, demeurant en ce temps-là, chez feu Monsieur le Maréchal de Grancey son Pere, pour justifier que toute la Famille consentoit à la recherche de Monsieur le Comte de Grancey.

*COmme j'avois prié mon frere de vous faire mes complimens, quand il alla à Gomer-Fontaine, j'ay crû qu'il n'estoit point necessaire de vous écrire; mais aujourd'huy qu'il vous envoye un courier, qui n'est pas suffisant pour vous expliquer mes sentimens, vous voulez-bien que je luy donne cette Lettre, & que je vous asseure que dés le moment que j'ay eu l'honneur de vous voir, j'ay souhaitté avec la plus grande passion du monde, d'être un peu de vos amies ; & comme vous m'avez promis vôtre amitié, je veux vous en faire resouvenir, afin que vous me la continuyez toûjours, & je vous prie de croire, Mademoiselle, qu'il n'y a personne au monde qui en connoisse mieux le prix que moy, ny qui soit plus à vous que vostre tres-humble servante.* De Grancey.

## Lettre de Monsieur le Comte de Grancey à Madame de la Vallée ma Mere.

*IL faudroit, Madame, n'avoir point de sentiment, aprés toutes les bontez que j'ay receuës de vous, si je ne vous en faisois mes tres-humbles remerciemens, en vous demandant la continuation de l'honneur de vostre amitié, que j'estime plus que toutes les choses du monde, je tâcheray par mes services à m'en rendre digne, & de vous faire voir que je suis avec tous les respects possibles, vostre tres-humble & tres-obeyssant serviteur.* De Medavy.

# Lettre du même à Mademoiſelle de la Vallée.

*EN verité, Mademoiſelle, je ferois le plus coupable de tous les hommes, ſi je perdois cette occaſion de vous rendre mes tres-humbles obeyſſances, & vous prier, Mademoiſelle, de me donner un peu de part dans voſtre amitié. Ie vous la demande avec tant de franchiſe, que vous aurez peut-être aſſez de generoſité pour me l'accorder de même, je vous ſupplie de croire que je n'en ſeray jamais ingrat, puiſque j'ay fait vœu d'eſtre avec toutes les paſſions imaginables, Le tres-humble &c.* Ce Jeudy matin, &c. *Madame de Vignats vous fait mille amitiez : Elle aura l'honneur de vous voir comme moy la veille de la Touſſaints.*

Le Comte de Grancey ne manqua pas à ſa parole ; il arriva avec Madame l'Abbeſſe de Vignats ſa ſœur à Gomer Fontaine, dans le temps qu'il avoit marqué. J'étois encore ſi jeune, que j'attribuois tous ces empreſſemens à l'intereſt qu'il prenoit en moy pour Mr ſon Frere. Comme ce n'étoit pas-là ſon deſſein, il s'en expliqua à ma mere. Elle receût fort civilement ſa propoſition, & luy dit neanmoins qu'Elle ne pouvoit rien reſoudre ſans ſon Mary. Madame de Vignats s'offrit auſſi-toſt de la mener à Paris, pour en conferer avec mon pere : Elles partirent enſemble pendant que Mr le Comte de Grancey envoyoit un Courier à Mr ſon oncle, pour luy faire ſçavoir ce voyage, & la joye qu'il reſentoit de ce que ma Mere avoit favorablement receu ſa demande. Le Courier revint avec cette réponſe.

## Lettre de Monſieur l'Archevêque de Roüen à Monſieur le Comte de Grancey.

*De Gaillon, le 3. Novembre 1672.*

# Monsieur mon neveu,

*Ie ſuis bien aiſe que vòtre recherche prenne tant d'avance, & que vous vous faſſiez ſi bien gouter en matiere de mariage. C'eſt aux Peres des Filles de faire les propoſitions. Puiſque Madame de la Vallée a fait le veage de Paris, Elle ſera* inſtruite des conditions auſquelles Monſieur ſon mary agréera vôtre mariage. *Quand il ne reſtera que les conditions ordinaires, vous avez les contracts de vos premiers mariages, leſquels vous peuvent ſervir de guides.*

*Quant à vòtre Frere, je ſuis aſſeuré qu'il vous aime aſſez pour préferer vos intereſts aux ſiens. Ie me fais fort ſur ſon ſujet par l'experience du paſſé. Ie pretens d'eſtre Dimanche à Paris, où vous me pourrez communiquer ce que le veage de Madame de la Vallée aura reſolu; je penſe que ce ne peut eſtre que là que vous regliez*

vos

vos articles , *toûjours je puis vous affeurer qu'ils ne feront jamais raifonnables que je ne les figne. Vôtre tres-humble ferviteur. L'Archevêque de Roüen.*

Madame l'Abbeffe de Vignats , ne trouvant pas mon pere auffi difpofé, qu'elle l'avoit defiré , pour faire le voyage de Gomer-Fontaine , où Elle pretendoit qu'il arreftat les conventions de mon mariage , elle le manda au Comte de Grancey , qui , chagrin de voir retarder une affaire , qu'il fouhaittoit avec tant d'ardeur , luy marqua fon impatience par plufieurs Lettres , & la chargea de celle-cy pour ma Mere.

## Lettre de Monfieur le Comte de Grancey à Madame de la Vallée.

### Du deuxiéme de Novembre 1672.

*E*N *verité , Madame, qu'on s'apperçoit quand vous n'eftes point icy ! Mademoifelle vôtre Fille ne fortant point , cela fait une méchante figure pour moy. Revenez-donc je vous fupplie au pluftôt , & ramenez Monfieur vôtre cher Epoux : car je meurs d'envie de le voir , pour luy dire , comme à vous , que je fuis vôtre tres-humble , & tres-obeïffant ferviteur.* De Medavy.

Madame de Vignats porta elle même cette Lettre à ma Mere , & Elle dit à mon Pere , avec fon air engageant , que s'il n'avoit la complaifance de venir avec elle à Gomer-Fontaine , il l'alloit expofer à la colere d'un amant : Enfin elle le flata fi adroitement , & le preffa fi fort , qu'il luy promit de l'accompagner.On prit jour pour le départ : Ils arriverent enfemble à Gomer-Fontaine , où Monfieur le Comte de Grancey me demanda en mariage à mon Pere & à ma Mere dans les formes, en prefence des Dames Abbeffes de Gomer-Fontaine , & de Vignats. Helas : je ne fçavois rien encore de ce qu'on tramoit contre moy ; mais je n'en fus que trop-tôt inftruite. Le Comte de Grancey fe plaignit de mes froideurs : mon Pere m'envoya chercher un matin , & il m'ordonna de regarder ce Comte , comme un homme que j'épouferois dans peu de jours. Cette declaration me faifit tellement , que je n'eus pas la force d'y répondre. Je me laiffay tomber aux genoux de mon Pere , toute baignée de mes larmes : Il n'en fut pas auffi touché qu'il l'auroit efté dans un autre occafion ; parce qu'il crût fans doute , qu'elles n'eftoient caufées que par l'extrême difproportion d'age , qui eftoit entre le Comte de Grancey & moy. Il tâcha d'adoucir cette repugnance , par toutes les raifons qu'il pût inventer , & il finit en me difant que fa parole eftoit engagée. Je me retiray penetrée de douleur : Elle eftoit moins l'effet de quelque antipatie naturelle pour la perfonne de ce Comte , que d'un preffentiment fecret des malheurs , que me preparoit cette cruelle union.  On dreffa des articles qui furent communiquez à M͏ʳ l'Archevêque de Roüen, fur lefquels il eut de longues conferences avec mon Pere, & ce Prelat en parut fi fatisfait , que Madame de Vignats ne pût s'empêcher de le témoigner par ce Billet.

## Lettre de Madame de Vignats à Monfieur de la Vallée mon Pere.

*JE fuis dans la plus grande impatience du monde d'avoir l'honneur de vous voir, Monfieur : car j'ay tant de chofes à vous dire fur vôtre vifite, & je fuis fi contente de ce qu'on l'eft tant de voftre efprit & de voftre generofité, que vous me fairiez un tres-grand chagrin, fi vous ne me donniez pas occafion de vous parler de tout cela.  J'ay paffé toute l'aprefdinée avec le Patron de la Famille, & affeurement vous avez efté le principal fujet de noftre entretien.  Qu'on eft heureux, Monfieur, quand on a des amis qui foûtiennent fi avantageufement tout le bien que l'on peut dire d'eux ! J'aurois prefque envie de vous remercier de ce que vous eftes fi honnefte homme, & de ce que vous le faites fi vîte connoître à ceux que vous voyez.  He ! peut-on eftre plus de vos amies que d'avoir ces fentimens ? je veux pourtant que Madame voftre femme m'en tienne plus de compte que vous.*

Voicy encore un autre billet de la même Abbeffe , fur ce que Monfieur l'Archevêque , qui s'eftoit fait fort de feu Monfieur le Maréchal de Grancey , Pere du Comte , avoit obtenu fon confentement.

## Lettre de Madame de Vignats à Monfieur de la Vallée.

*JE fuis ravie de ce qui s'eft paffé aujourd'huy, car je vois toutes chofes en tres-bon état; mais je vous prie de me tenir la parole que vous m'avez donnée de me venir voir : car il eft abfolument neceffaire que je parle à vous, Monfieur, & je fouhaiterois que ce fuft le plûtoft que vous pourrez. Ce petit empreffement ne vous déplaira pas, Monfieur, puis que c'eft une marque que l'Abbeffe de Vignats eft voftre, &c.*

Ce grand empreffement que Madame de Vignats avoit de parler à mon Pere , étoit pour le difpofer à ne pas s'opiniâtrer que Monfieur le Maréchal reconnût Monfieur fon Fils pour fon principal heritier.  Toute la Famille craignoit que cét article ne fût une difficulté infurmontable. Monfieur l'Archevêque en écrivit de cette forte au **Comte**.

## Lettre de Monſieur l'Archevêque de Roüen à Mᵣ le Comte de Grancey, écrite la veille de nôtre Contrat de mariage.

*L*A conduite que vous avez tenuë avec moy à l'ouverture de la Lettre que j'écrivois à Madame de Gomer-Fontaine, m'empéche de pouvoir leur répondre que par une autre voye, qui ne dépende point de vous. Cependant je veux bien vous envoyer pour communiquer à Monſieur de la Vallée, ce que je trouve de manque en vos articles.

*Quant à la* diſpence *que vous demandez, il faut m'envoyer vôtre* Contract *de mariage, ſigné auparavant pardevant les Notaires, afin que des conditions raiſonnables m'obligent à faire ces avances.*

*Ie voy que l'on parle de Monſieur le Maréchal pour vous reconnoître ſon principal heritier : Par là il ſe lieroit dans ſon bien qui eſt en Normandie. Il n'a garde de le faire, & l'on ne le doit pas ſouhaiter. C'eſt aſſez que la Coûtume y ait pourveu: Et pour le Doüaire, la Maiſon n'a mis le Doüaire des femmes qu'à trois mil livres de rente pour Doüaire prefix. Je croy que l'on en doit eſtre content.*

Le Comte de Grancey inquiet des difficultez, qui retardoient ſon mariage, avoit écrit ſes chagrins à Madame de Vignats, n'oſant pas les expliquer à l'Archevêque ſon oncle, pour qui il a toûjours eu une obeïſſance ſi extraordinaire, qu'on peut dire qu'elle va juſqu'à une honteuſe foibleſſe. Madame de Vignats luy fiſt cette réponſe.

## Lettre de Madame l'Abbeſſe de Vignats à Monſieur le Comte de Grancey.

*N*E doûtez pas que je ne ménage vos intereſts comme il faut, vôtre affaire prend un tres-bon chemin. Ie crois qu'il y aura quelque entreveuë des deux Patrons: cela avancera ſeurement les choſes : c'eſt pourquoy ne vous affligez point, & croyez l'Abbeſſe de Vignats toute à vous. Bien des amitiez à ce que vous aimez de ma part.

Madame de Vignats avoit raiſon de croire que l'entreveuë des Patrons termineroit les difficultez, qui retardoient mon malheur. Mᵣ le Maréchal de Grancey conſentit à tout ce qu'on luy propoſa, excepté de reconnoître ſon fils pour ſon principal heritier; & Mᵣ l'Archevêque tourna mon Pere de tant de côtez, qu'il le reduiſit enfin à tout ce qu'il voulut. Nous arrivâmes à Paris, ma Mere & moy, le jour de cette funeſte victoire: Mon Pere avoit fait publier un Ban à Saint Sulpice, ſa Paroiſſe, le treiziéme de Novembre dont le certificat luy fut délivré par le ſieur Roüillon, Vicaire des mariages, le quinziéme du même mois, ſans aucune oppoſition.

M<sup>r</sup> l'Archevêque de Roüen se chargea d'obtenir de M<sup>r</sup> l'Archevêque de Paris , la dispense des deux autres , ainsi qu'il l'avoit promis par un de ses Billets , dés qu'on luy fairoit voir le Contract de mariage signé pardevant les Notaires. M<sup>r</sup> le Comte de Grancey de son côté obtint de M<sup>r</sup> l'Evêque Duc de Langres la Dispense des trois Bans , avec permission de se marier hors de son Diocese. Le dix-septiéme de Novembre on passa le Contract de Mariage , & mon pere executa de sa part les conditions portées par ce Contract : Il paya au Comte de Grancey la somme de deux cens mil livres, dont le Comte luy remit sur le champ cent mille livres , moyennant un Contract de constitution de rente de pareille somme en principal , que luy firent mon Pere & ma mere pardevant les mêmes Notaires, qui dresserent la quittance des deux cens mille livres. Cela fait, on ne songea plus qu'à la celebration du mariage : mon Pere s'attendoit qu'elle se deût faire à Paris ; mais le Comte témoigna une si forte envie d'aller se marier à Grancey, que mon Pere eût la complaisance d'y consentir. Comme il avoit alors des affaires indispensables, qui l'arrêtoient à saint Germain , il nous fit partir les premiers le dix-neuviéme du même mois, resolu de prendre la Poste, & de se rendre à Grancey en un jour, au lieu qu'il nous en faloit plus de six pour y arriver. Un facheux accident changea l'ordre des choses. A six lieuës de Paris l'arc de nôtre carrosse rompit, & ce ne fût pas sans beaucoup de peine, que nous gagnâmes sur des chevaux le plus prochain Village nommé Ris. On fût obligé d'y rester prés de deux jours, pour faire racommoder le carrosse, & quelqu'autre accident ayant retardé nôtre voyage, nous n'arrivâmes à la Bretoche que le Lundy vingt-uniéme du mois de Novembre , environ à trois heures aprés midy. Le Comte de Grancey se desesperoit de tant d'obstacles : Tous les momens de retardement luy paroissoient des années de supplice. Son impatience éclata : Il dit des choses qui donnérent sujet à ma mere de craindre sa violence , & l'ayant ensuite pressée avec les dernieres instances, de permettre que le mariage fût celebré en ce lieu, attendu la dispense, & la permission expresse de M<sup>r</sup> l'Evêque de Langres, elle ne pût resister à des empressemens, qu'il accompagnoit d'une infinité de larmes. Mais le Curé de la Parroisse du Chastel-lez-Nangis se trouvant indisposé, un des Vicaires de la Ville de Nangis vint pour nous marier, à la priere du Curé. La celebration du mariage fût differée jusqu'aprés minuit, afin de pouvoir dire la Messe en même temps ; & nous fûmes mariez le vingt-deuxiéme jour de Novembre avant une heure du matin. Toutes ces ceremonies faites, on dépêcha un courier à mon Pere, afin qu'il ne se donnât pas la peine de se rendre à Grancey. Le Comte changea son premier dessein, & il luy prît alors envie de retourner à Paris. Nous arrivâmes

chez

chez mon Pere le Mecredy vingt-troifiéme du mois, à fix heures du foir. Le Comte de Grancey fût le lendemain à la Cour, où il témoigna publiquement la fatisfaction, & l'utilité qu'il avoit receuë de fon mariage. Plufieurs perfonnes de qualité luy firent compliment à la Cour, & chez mon Pere, où il demeuroit. Nous en partîmes avec ma Mere le onziéme jour de Decembre, pour aller à Grancey. On m'y receût avec des honneurs extraordinaires, & l'on proceda à l'Inventaire des meubles en execution de mon Contract de mariage, par l'ordre de M<sup>r</sup> l'Archevêque de Roüen, qui montra bien par là ne pas ignorer que fon Neveu étoit obligé par mon Contract, à diffoudre les communautez de fes premiers mariages. Auffi-toft que l'Inventaire fut fait, le Comte de Grancey en donna avis à mon Pere par cette Lettre.

## Lettre de Monfieur le Comte de Grancey, à Monfieur de la Vallée, écrite de Grancey le 20. Decembre 1672.

*Vous auriez fujet, Monfieur, de vous plaindre de moy, fi je ne vous donnois des nouvelles de nôtre arrivée, qui affeurement n'a pas efté fans peine, & le lendemain Monfieur le Lieutenant General; & Monfieur le Procureur du Roy eft venu icy, qui a fait Inventaire de tout ce qui s'eft rencontré. Madame de la Vallée vous en pourra mander le détail mieux que moy : Ie me contenteray feulement, Monfieur, cette fois icy de vous dire, que perfonne ne peut eftre avec plus de verité, que vôtre tres-humble & tres-obeïffant ferviteur* Le Comte de Grancey.

Il y auroit de l'ingratitude à moy d'oublier icy le feul prefent que j'ay reçeu de la Maifon de Grancey, Madame l'Abbeffe de S. Nicolas m'envoya une fort belle toillette, accompagnée des deux Lettres qui fuivent.

## Lettre de Madame l'Abbeffe de Saint Nicolas depuis le mariage, dont la fufcription eft *à Madame la Comteffe de Grancey.*

*Il faut, ma tref-chere Sœur, que je me plaigne un peu de ce que vous ne m'avez pas écrit, cela ne m'en donne pas moins d'amitié pour vous. I'ay bien de l'impatience de vous voir; je croy que mon frere fera bien aife de me venir voir avec vous. I'attens ce temps avec impatience pour vous embraffer, & pour vous dire qu'il n'y a perfonne qui vous foit plus que moy.* L'Abbeffe de Saint Nicolas. *Ie fuis preffée, le Lacquais va partir. Ie vous envoye la bourfe de cheveux à mon frere, je vous en envoyeray une autre pour vous.*

# Autre Lettre de la même Abbesse à Monsieur le Comte de Grancey son frere, sur le même sujet.

JE *suis bien aise de vôtre mariage, mon cher-frere, & l'on ne peut pas estimer ny aimer plus que je fais Madame de la Vallée, & ma Belle-sœur. Il faut bien qu'elle me vienne voir. Ie crois que vous aurez bien de la satisfaction de ces personnes-là : Ils ont de l'honneur tout à fait. Ie suis un peu étonnée qu'ils ne m'ont point écrit, cela n'empéche pas que je ne leur recrive pour la toillette ; c'estoit bien mon dessein de vous l'envoyer dés qu'elle seroit achevée ; je vous l'envoye telle qu'-elle est : si vous voulez me l'envoyer je vous l'acheveray. Ie fais faire un tablier de Point de Venise pour luy donner. Ie vous envoye ma bourse de cheveux que Madame sa Mere m'avoit donnée d'elle que j'ay faite : Croyez que je prendray toûjours gran-de part à tout ce qui vous arrive ; vous sçavez comment je vous ay toûjours aimé.*

En partant de Paris, Mʳ le Comte de Grancey avoit laissé à mon Pere une Procuration generale, & il l'avoit prié tres-instamment d'avoir la bonté de mettre quelque ordre à ses affaires. Il luy avoit même parlé à fonds des pretentions qu'il avoit contre l'Archevêque de Roüen son oncle. Ce Prelat avoit esté son Tuteur dés l'âge de quatre ans. Il avoit joûy pendant un fort long-temps d'un revenu considerable. Il avoit negligé d'en rendre compte, parce qu'il se sentoit redevable de grande somme. Le Comte avoit envoyé à mon Pere les Papiers qu'il avoit entre les mains, & l'avoit conjuré de faire chercher en Normandie, ceux dont il avoit encore besoin. Mon Pere se chargea de soûtenir ses interests, qu'il trouvoit tres-justes, & mon mary l'en remercia par plusieurs Lettres qui ont esté perduës; mais celle-cy, qui m'est restée seule, suffira pour marquer la reconnoissance qu'il en avoit.

# Lettre de Monsieur le Comte de Grancey, pour justifier que c'étoit à sa priere que Monsieur de la Vallée prenoit soin de s'instruire des affaires qu'il avoit avec Monsieur son oncle, du 9. Janvier 1673.

JE *vous suis obligé, Monsieur, de toutes les peines que vous prenez pour moy, je vous en ay la derniere obligation. Si je ne vous écris tous les ordinaires, comme je devrois, je vous en demande excuse : car Madame suplée au défaut. Ie n'en suis pas moins vôtre serviteur, & ne reconnois pas moins toutes les bontez que vous nous témoignez tous les jours par vos soins. Madame la Comtesse à besoin de Gans. Madame de la Vallée dit que vous en trouverez dans un coffre qui est dans la chambre où elle couchoit. Vous prendrez la peine de les envoyer par le Messager de Dijon ou de Langres, aux adresses ordinaires : cependant faites moy la grace de croire que l'on ne peut pas estre plus à vous,* que le Comte de Grancey.

Par le commerce que mon Pere avoit eu avec M<sup>r</sup> l'Archevêque de
Roüen, il avoit aifément reconnu que l'intereft étoit fon endroit fenfible :
C'étoit une chofe delicate , & dangereufe de l'attaquer de ce côté-là :
Mon Pere le prevoyoit bien, & il refolut de garder avec luy toutes les me-
fures d'honnêteté, qui ne feroient point prejudiciables aux pretentions de
fon Gendre. Jufqu'alors M<sup>r</sup> l'Archevêque avoit entretenu avec mon Pere
une correfpondance , en apparence fort fincere. Il luy faifoit part de tout
ce qui touchoit la Famille ; il ne fe paffoit rien dans le procés de Meffieurs
de Grancey contre Meffieurs d'Hocquincourt , qu'il ne luy communiquât,
ou du moins dont il ne luy fit donner avis. Plufieurs Lettres, que j'ay entre
les mains , le juftifient affez : Il fuffira d'en rapporter deux pour en juger.

## Lettre du fieur le Canu, qui eft encore aujourd'huy Aumô-nier de Monfieur l'Archevêque de Roüen, à Monfieur de la Vallée du 31. Janvier 1673.

# MONSIEUR,

*Au lieu de Placets, Monfeigneur l'Archevéque a refolu de donner des Fac-
tums à fes luges, inftructifs de l'affaire, lefquels il feroit bon fi vous le trouviez
à propos, que vous prefentaffiez vous même à ceux que vous connoiffez , à l'é-
gard des amis que vous avez à employer , ils pourroient , s'ils vouloient bien fe
donner cette peine, recommander l'affaire de bouche, ce qui feroit plus fort que
par Placets. Pour ce qui eft de Monfieur de Mafcarany, & Monfieur Baron,
dont vous m'avez parlé, Monfieur Larche les connoît particulierement , & eft
certain qu'ils luy fairont bonne juftice. Pour Monfieur le Vaffeur, & les deux
autres premiers luges qui le fuivent, fi vous avez quelque puiffante recomman-
dation envers eux , il fera utile de s'employer. L'on ne manquera pas de vous
faire part des Factums quand ils feront prefts. Le Canu figné. Et par apoftille.
Ie viens de recevoir vôtre fecond Paquet, où vous employez des raifons tres-
bonnes. Ie ne manqueray pas de les communiquer ce foir à Monfeigneur l'Archevéque, auffi-toft qu'il fera de retour de Saint Germain où il eft allé à ce
matin, Monfieur, je vous baife tres-humblement les mains.*

## Autre Lettre du même Aumônier, à Paris le 7. Février 1673.

# MONSIEUR,

*Ie fus hier tellement occupé par tant de Commiffions que Monfeigneur l'Ar-
chevéque me donna, que je n'eus pas un moment de loifir pour vous faire fçavoir*

*qu'il n'eſt nullement dans la penſée de pourſuivre l'Arreſt que vous ſçaveZ, parce que cela pourroit cauſer grand préjudice à l'affaire, qui eſt en tres bon chemin, à joindre que ledit Arreſt étant produit au procez, ce ſeroit, comme je vous l'ay dit, Monſieur, aigrir les Iuges, les obligeant de juger conformement à iceluy. Comme ils ſont les mieux intentionnez du monde, il eſt plus à propos ſuivant l'avis de Mondit ſieur Arche, de laiſſer aller l'affaire comme elle a commencé. S'il arrivoit que leur Arreſt ne fut pas juſte, il y aura toûjours lieu de le faire caſſer au Conſeil: Ie vous demande pardon ſi je ne vous écrivis pas hier. Le Factum dont je vous ay parlé eſt ſous la preſſe, je vous en porteray ou envoyeray demain quelcun. Ie vous baiſe tres-humblement les mains. Ie ſuis faché que je ſuis obligé de me ſervir du miniſtere d'un Lacquais, pour vous envoyer ce Billet, ne pouvant vous le porter moy-méme. Le Canu, ſigné.*

Cette intelligence, qui paroît entre Monſieur l'Archevêque de Roüen & mon Pere, auroit ſans doûte duré plus long-temps, s'il n'eût appris que mon Pere cherchoit à s'éclaircir ſur le compte de tutelle, qu'il devoit rendre à ſon Pupille ; & dans le premier mouvement de colere, que cette recherche luy cauſa, il ne pût s'empêcher de luy faire écrire cette Lettre par ſon Secretaire.

## Lettre du ſieur Louvet à Monſieur de la Vallée,

# MONSIEUR,

*Monſeigneur l'Archeveſque de Roüen, ayant eſté averty que vous faiſiez chercher des Contracts en Normandie, pour les intereſts de Monſieur le Comte de Grancey, m'a chargé de vous envoyer celuy que vous demandez de la vente de Grancey en 1641. & d'y joindre celuy de la remiſe qu'il a faite de la Terre de Grancey en l'année 1651. laquelle remiſe neanmoins a eſté annullée par le Contract de mariage de Monſieur le Comte de Grancey avec Mademoiſelle de Bouligneux, étant demeuré toûjours chargé de payer la ſomme de deux cens cinquante mille livres de debtes de Monſieur le Maréchal, pour le payement deſquelles il a vendu pour deux cens treize mille livres de bien, à Monſeigneur l'Archeveſque ; & ainſi n'eſt reſté que trente-ſept mil livres, dont il eſt obligé envers Meſſieurs ſes enfans, comme ayant eſté pris en la Dotte de la Dame leur mere, qui eſt le fondement de la pourſuite que fait Monſeigneur l'Archeveſque, pour ſa décharge envers les mineurs de ladite ſomme de trente-ſept mille livres, & des intereſts. Ie puis auſſi vous dire, Monſieur, & de quoy je ne croy pas être deſavoüé, que ſans vous tourmenter pour trouver des papiers qui facilitent le retrait que vous promettez de l'achapt qu'a fait Monſeigneur l'Archeveſque, vous le trouverez toûjours diſpoſé à le remettre, en le faiſant décharger valable-*
*ment*

*ment des obligations où il est entré, tant par le Contract de mariage de Monsieur le Comte de Grancey, qu'envers les Creanciers qu'il a deû acquitter; même qu'il ne s'éloigneroit pas de tenir compte de l'argent qu'il luy a fourny pendant ce temps-là,* il le pourra faire, si vous voulez y employer l'argent que vous luy avez promis, qui ne sera pas un mauvais remplacement, *c'est, Monsieur, vostre tres-humble & tres-obeyssant serviteur.* Louvet Secretaire de Mondit Seigneur l'Archevêque de Roüen.

Mon Pere avoit toûjours esperé que sans avoir recours à la force de la Justice, M<sup>r</sup> l'Archevêque de Roüen se la fairoit luy-même, & se determineroit enfin à la rendre à son Neveu : mais cette esperance fût vaine. Aprés plusieurs civilitez inutiles de la part de mon Pere, il fût contraint de le faire assigner. C'est à cette malheureuse assignation, à qui je dois toutes les injures, & tous les outrages que j'ay receus de cet équitable Prelat. Dans les commencemens de la recherche du Comte de Grancey, il avoit doûté qu'il fût digne de moy : depuis l'assignation il me trouva absolument indigne de luy. Je ne fus plus à ses yeux ce que j'étois quelques jours auparavant; j'eus un peché originel que rien n'a peu depuis effacer, & mon union avec son Neveu mettoit mon pere en état de luy demander un compte, dont il ne pouvoit sortir, sans payer plus de deux cens mille livres à mon mary. N'avoit-il pas lieu aprés cela de trouver mon Pere trop éclairé, & moy trop incommode ? Si j'avois commis tous les crimes ensemble, je serois moins coupable à son égard : La charité pourroit le toucher en ma faveur; mais d'en vouloir à sa bourse, c'est un attentat dont il n'est pas capable de revenir : Et de fait, il prît alors des resolutions contre moy, qu'il n'a que trop executées. Il forma le dessein de troubler un mariage qu'il avoit luy-même souhaitté avec ardeur. Il sçavoit bien qu'il ne pourroit jamais le faire dissoudre. Il est trop habile pour en avoir conceu la moindre esperance; mais il vouloit nous separer le Comte & moy. Son interest étoit de désunir ce que le Ciel avoit joint, & ce qu'il avoit pris luy-même tant de peine à assembler. Il chercha à détruire son ouvrage; ce dessein étoit affreux : Les moyens, dont il s'est servi pour y parvenir, ne furent, ny plus legitimes, ny plus chrétiens. Il descendit jusqu'à la fourberie. Il envoya ses emissaires à Grancey, pour mettre divorce entre le mary & la femme, & par des conseils pernicieux, il alluma un feu, qui ne s'éteindra peut-être jamais.

Le Comte, esclave des volontez de son Oncle, prît aveuglement tout les sentimens qu'il luy voulût inspirer. Son humeur changea tout d'un coup; ce ne fût plus que trouble, & que desordre. Le respect, que je veux encore conserver pour luy, m'empêche de m'étendre sur les mauvais trai-

D

tements que j'en receus; Ils pafferent jufqu'à ma Mere : Ce qu'il luy devoit comme Gendre ne la fauva pas de fa fureur : Il la porta à un tel excez , que nous ne creûmes pas nôtre vie en feureté dans un lieu, où M<sup>r</sup> l'Archevêque étoit plus Maître que le Comte. Ma Mere obligea mon Mary de nous ramener à Paris, ce qu'il ne fit pas fans peine, il logea neanmoins chez mon Pere , ainfi qu'il avoit accoûtumé depuis mon mariage ; je pris un grand foin de cacher les fujets de plainte que j'avois contre luy ; mais fes empor- temens continuant toûjours, mon Pere s'en apperceût, il luy en parla d'une maniere à luy faire comprendre qu'il ne feroit pas d'humeur à les fouffrir , & par la converfation qu'il eût avec luy fur ce fujet, il luy fut aifé de démeler la fource cachée de ce divorce, qui n'étoit pourtant pas encore au point où le defiroit M<sup>r</sup> l'Archevêque de Roüen. Il eût plufieurs conferences fecrettes avec fon Neveu, qui ne furent pas inutiles à fon deffein ; & luy faifant con- noître qu'il ne feroit pas en pouvoir de me maltraiter à fon aife, tant que je refterois dans la Maifon de mon Pere, il le força d'en fortir. Ce Prelat n'eût pas plûtôt le Comte en fa puiffance , qu'il l'obligea de revoquer la Procu- ration qu'il avoit donnée à mon Pere contre luy : Il n'avoit garde d'oublier une chofe , qui le mettoit à couvert des pourfuittes qui l'avoient fi fort allarmé : Cette revocation fût faite le mois de Mars , peu de jours aprés que le Comte fe fût retiré de chez mon Pere.

Mon Pere & ma Mere m'avoient empêché de fuivre mon Mary à l'Hô- tel d'Hocquincourt, où il avoit voulu me méner , & par leur confeil, aprés avoir fait ma plainte chez le Commiffaire Baudelot le quatriéme Mars mil fix cens foixante-treize , je demanday en Juftice ma feparation de corps & de biens le huitiéme du même mois. M<sup>r</sup> l'Archevêque, ravy d'un fi bon commencement , creût que pour mettre un obftacle infurmontable à nôtre reünion, il étoit à propos de me faire une injure publique: Il me fit affigner au nom de M<sup>r</sup> le Maréchal de Grancey, & au fien, le vingt-quatriéme Mars feize jours aprés que j'eus intenté le procés de ma feparation , pour venir répondre de mon mariage à l'Officialité de Sens, qui étoit le Diocefe où j'avois efté mariée. Le Comte de Grancey, mon Pere , & ma Mere furent affignez en même temps ; J'avoüe que cette affignation parût à ma famille, & à moy, fi ridicule, que le premier mouvement , qu'elle nous caufa , fût une colere mélée de beaucoup de mépris. En effet , il étoit malaifé de pouvoir comprendre fur quoy M<sup>r</sup> l'Archevêque vouloit fe fonder, pour faire caffer mon mariage : Ce ne pouvoit pas être fur le défaut des forma- litez neceffaires ; il n'en manque aucune, & mon fecond Factum faira con- noître les raifons qui l'établiffent invinciblement : Mais M<sup>r</sup> l'Archevêque n'alleguera-t'il point la minorité de fon Néveu, qui n'avoit que quarante huit ans lors qu'il m'époufa , & qui n'étoit veuf que de deux femmes ?

Peut-être se plaindra-t'il du défaut de consentement de sa Famille : mais, malheureusement pour luy, personne n'ignore que ce consentement étoit inutile à un homme de l'âge de son Neveu : D'ailleurs, les Lettres que je rapporte, reconnuës en Justice, & paraphées de Monsieur le Camus, Lieutenant Civil, ne laissent pas lieu de doûter que toute la maison de Grancey n'ait souhaitté mon mariage, & que Mr l'Archevêque de Roüen n'ait travaillé à le faire reüssir. Cependant, cét homme, si sincere, signe une Requête, où il le traite de clandestin, prêt d'affirmer, si l'on veut s'en rapporter à son serment, qu'il n'en a jamais eu la moindre connoissance. Il est vray que, pour sa justification, je dois avoüer qu'il ne croyoit pas qu'on eût conservé ses Lettres ; il s'étoit imaginé, que ne devant pas presupposer qu'elles pourroient m'étre un jour necessaires, j'aurois negligé de les garder, le style n'en étant pas assez agreable pour se faire un plaisir de les relire. Il n'avoit pas tout à fait tort d'en juger ainsi ; j'en ay perdu plusieurs des plus importantes, & c'est comme par miracle que l'on a retrouvé celles que j'ay produites. J'ose me flatter qu'elles feront assez connoître la bonne foy de ce Prelat ; S'il a feint de desirer mon mariage, pour se reserver ensuite la liberté de travailler à l'infirmer, ne peut-on pas penser, sans luy faire tort, qu'il a voulu abuser une jeune fille, que sous la foy d'un mariage, il la engagée à satisfaire la passion de son Neveu, & que dans ce dessein, il l'a arrachée d'un azile sacré, & des bras de ses Parens ? Voilà les consequences qu'on ne peut s'empêcher de tirer de sa conduite : Mais cét employ convient si mal au caractere dont il est revêtu, que j'ay encore assez de charité pour chercher d'autres raisons à un procedé aussi injuste que le sien.

J'ay déja expliqué qu'il desiroit la desunion de mon Mary & de moy, par un sentiment de vengeance contre mon Pere : c'étoit le premier motif qui l'avoit fait agir, mais ce n'étoit pas le seul ; il apprehendoit les enfans qui pourroient naître de nôtre mariage : Le Comte de Medavy, fils aîné de mon mary, n'avoit pas besoin de nouveaux freres ; cependant Mr son Pere n'auroit pas consenty, pour l'obliger à se priver d'une Epouse, si Mr l'Archevêque ne l'eût flatté de l'esperance d'un autre mariage. Le Comte de Grancey, à qui toutes les femmes sont également bonnes, & qui trouvoit encore dans cette proposition le plaisir de changer d'objet, laissa agir son Oncle au gré de ses desirs. Il me fallût donc aller plaider à Sens, où Mr l'Archevêque de Roüen, n'ayant aucune bonne raison à dire, fût reduit à alleguer une pretenduë inegalité de conditions ; mais cela ne conclut rien en sa faveur. Quand je serois née bergere, je n'en serois pas moins la femme de son Neveu ; cependant, s'il ne faut, pour luy plaire, que faire voir que je suis Demoiselle, je n'auray pas de peine. La noblesse de mon Pere est

produite au procés , & perfonne ne peut difconvenir que l'alliance d'une
Demoifelle ne des-honnore pas un Gentil-homme. Je me garderay bien
de repeter icy ce que mes premiers Factums ont répondu fur cét article ;
mon Pere n'avoit pas les raifons que j'ay de ménager la gloire d'un nom
que je porteray peut-être toute ma vie , du moins infailliblement toute
celle du Comte de Grancey : Je publieray même , fi l'on veut , que la
maifon de Rouffel eft une des plus anciennes de France,& je voudrois qu'il
me fût auffi aifé de le perfuader , qu'il me feroit facile de le dire. Que ne
puis je effacer les impreffions facheufes que les Offemons d'Aubry ont
données à tant de gens ? Ces Meffieurs ont peut-eftre plus écouté leur
paffion que la verité,lors qu'ils ont combattu l'ancienneté de cette Maifon,
& Mr l'Archevêque de Roüen a dédaigné fans doûte de les convaincre
d'impofture , par un pur fentiment d'humilité chreftienne.

Mais pour retourner à Sens , où il avoit pleu à Mr l'Archevêque de
Roüen de m'attirer , je fis affigner mon Mary pour fçavoir s'il pretendoit
contefter nôtre mariage : il declara que ce n'étoit pas fon deffein; qu'il étoit
fufpendu entre le refpect qu'il portoit à fon Pere , & l'amour qu'il devoit
à fa femme , & qu'il s'en rapportoit à Juftice. Je pris acte de cette Declaration ; Mais Mr l'Archevêque de Roüen , qui connût un peu tard que
Mr le Maréchal de Grancey,ny luy,n'étoient pas parties capables pour contefter le mariage du Comte , l'obligea à fe rendre partie deux jours avant
le Jugement. Il fût debouté de fa Requête , & je gagnay mon procés tout
d'une voix le vingtiéme Novembre mil fix cens foixante-treize, en prefence de Mr l'Archevêque de Roüen , malgré touttes les Lettres de recom-
mandation , qu'il avoit apportées à fes Juges , & même malgré les larmes,
qu'il avoit employées pour feduire feu Mr de Gondrin Archevêque de
Sens. Quelque jufte que fut ma caufe , j'euffe peut-eftre efté allarmée fi
j'avois efté témoin de ces larmes pitoyables ; mais, helas ! le Comte de
Grancey m'avoit laiffée dans un état qui ne me permettoit pas d'entre-
prendre un voyage , & ma fanté n'étoit encore affez bien rétablie , pour
hazarder de me mettre en chemin dans une faifon fi facheufe.

C'eft icy où il faut que je déplore le malheur , qui me contraint de rap-
peller de fi defagreables idées , & qui me force encore à écrire des chofes
que fembleroient violer la pudeur dans d'autres rencontres. Que ne m'eft-
il permis d'enfevelir dans un éternel filence un attentat qui fait horreur ! Il
n'a pas tenu à ce digne Prelat que mon honneur n'ait efté la victime du cri-
me de fon Neveu: Ce n'étoit point affez pour luy, qu'un mary eût hazardé
ma vie , il en vouloit à quelque chofe qu'il fçavoit bien m'étre infiniment
plus précieux : En vain fes propres remords luy parloient pour moy, il fçait
l'art d'y refifter , lors qu'ils font contre fes interefts. Il vouloit à quelque

prix

prix que ce fût, perdre une innocente. La Religion, l'honneur, & la verité n'étoient pas capables de l'arrêter : Pour donner des bornes à sa fureur, il a fallu, par des visites honteuses, & par des preuves, plus claires que le jour, convaincre en Justice mon mary, & obtenir une Sentence qui laissera à la posterité un exemple du plus grand outrage, qui fut, & qui sera jamais. En quel état me serois je trouvée, Grand Dieu ! si je n'avois eu pour appuy que ma seule innocence! J'aurois allegué inutilement la difference de vie, & d'âge du Comte de Grancey, & de moy, M<sup>r</sup> l'Archevêque de Roüen ne se seroit pas rendu à ces presomptions ; quoy que convaincu de la verité, il ne la connoît point, lors qu'elle est contraire à ses pernicieux desseins.

M<sup>r</sup> l'Archevêque de Roüen ne fut pas surpris qu'on m'eût rendu justice à Sens : il s'étoit bien attendu à la perte de son procés : mais il eût souhait-té que les Juges eussent eu pour luy, la complaisance d'imposer à mon mary & à moy quelque petite peine : La plus legere auroit suffi pour le contenter, puis qu'elle luy auroit donné lieu de soûtenir, que c'étoit une preuve qu'il manquoit à nôtre mariage quelque formalité necessaire. Mais des Juges integres n'avoient garde de donner par là atteinte à un mariage qui n'en pouvoit recevoir. M<sup>r</sup> l'Archevêque de Roüen, n'ayant peu rien obtenir, appella de la Sentence de l'Officialité de Sens, à la Primatie de Lyon ; je ne m'attendois pas à cet appel ; je croyois que, repentant de la fausse demarche que sa passion luy avoit fait faire, il ne voudroit pas, par une obstination injuste, & si indigne de son caractere, se rendre la fable de tout le Royaume. Les Gens d'honneur & de probité n'ont-ils pas sujet d'être scandalisez, de voir un Prelat attaquer un Sacrement, qu'il devroit soûtenir, de voir un Archevêque à l'age de quatre-vingt-sept ans, sacrifier sa conscience, & son honneur à sa haine & à ses interests ? Mais ces considerations étoient trop foibles, pour faire impression sur un esprit aussi fort que le sien ; sans cet appel, il n'auroit pas si long-temps abusé son Neveu : Le Comte seroit trop-tôt retourné à son devoir : c'étoit ce qu'il vouloit empêcher : Pendant qu'il a essayé depuis quinze ans, & qu'il essaye encore, par de nouvelles chicanes, de faire durer ce procés, autant que ses jours, mon mary propose à toutes les filles, qui ont le malheur de luy plaire, de les épouser, en les asseurant qu'il n'y a rien de plus aisé que de faire casser nôtre mariage.

Monsieur son oncle, ne pouvant pas luy cacher la perte de son procés à Sens, luy fit sçavoir, qu'il avoit appellé à Lyon, & se vantant d'avoir un grand credit en ce lieu, il luy promît que nôtre mariage seroit cassé, avant qu'il eût choisi entre ses Maîtresses, celle qu'il voudroit hônorer de sa main ; mais il luy a mal tenu parole jusqu'à present, ce n'est pas la premiere, où il a manqué, & il seroit heureux d'avoir toûjours une excuse aussi legitime.

Ce ne fût pas le credit, dont se faisoit fort M^r l'Archevêque de Roüen, qui m'empêcha de répondre à Lyon. Ma cause reçoit si peu de difficulté, qu'il faudroit, pour me donner lieu de craindre, que tous les Juges fussent des Roussels Archevêque de Roüen; mais, heureusement pour moy, il n'y en a qu'un seul au monde. J'appellay, comme d'abus à la Grand'Chambre, de son appel à Lyon, ayant une juste raison d'éviter les longueurs de sa chicane, qui, de Lyon m'auroit encore traînée à Rome.

M^r l'Archevêque de Roüen a depuis gardé un profond silence sur le procés de mon mariage, il s'est contenté, en parlant de moy, de me nommer Mademoiselle de la Vallée, croyant peut-être, que cela suffiroit, pour détruire mon mariage, & la Sentence de confirmation de l'Officialité de Sens. Il a continüé aussi de donner un espoir frivole à son Néveu, à qui il renouvelle tous les ans la promesse qu'il luy a faite de le mettre en liberté de se remarier : mais il s'est appliqué avec plus de succez à une autre affaire qui luy étoit du moins aussi importante : Il obtint un Arrest de la quatriéme des Enquêtes le dix-huitiéme May mil six cens soixante-dix-huit, par lequel la quittance des deux cens mil livres de ma dot est cassée, le Contract de mariage subsiste, & mon Pere est condamné à payer deux fois. Cet Arrest est si extraordinaire, pour ne dire rien de plus, que toute la France s'est recriée contre ce qu'il ordonne. Je pris Requête civile, comme Mineure non défenduë, n'ayant point eu de Curateur nommé aux causes, & les moyens de ma Requête civile se trouveront dans le second Factum, dont j'ay déja parlé.

L'injustice de mes parties, & l'équité de ma cause, que je croy avoir suffisamment prouvées, me font esperer que la Cour me tirera bien-tost de l'oppression où je vis dépuis tant d'années. J'ose croire aussi que le public, instruit de mes malheurs, les plaindra autant, qu'il desaprouvera la conduite de M^r l'Archevêque de Roüen. Ce Prelat a reüssy à nous desunir, mon mary & moy ; mais que les avantages, qu'il a tiré de cette desunion, sont deplorables ! La maison de son Neveu remplie de malheureuses & de bâtards, un adultere continuel, un scandale public, qui fait horreur à toute la France, tout cela auroit effrayé un homme plus scrupuleux que luy ; mais cent bâtards de mon Mary l'embarrassent moins qu'un fils legitime de moy : Il est enfin arrivé, par de belles voyes, au comble de ses souhaits ; il a dépoüillé mon Mary de son bien avant sa mort ; il l'a reduit à une pension viagere, & sans autorité de la Justice, il l'a interdit de sa pleine puissance : Il a fait plus encore ; en luy faisant un si sensible outrage, il a trouvé le secret de l'empêcher de le sentir, & insensiblement il a sçeu le faire consentir à sa honte, & à son deshonneur. Je parle de cecy sans interêt ; tout ce que mon mary a fait contre luy, est depuis mon Contract de mariage , & par consequent ne peut me nuire. mais son bon oncle n'a pas laissé de profiter de sa foiblesse , & de reüssir dans ses desseins ; nôtre separation le met en seureté contre les enfans qui pourroient naître de nôtre mariage ; * il n'a plus qu'une seule chose à apprehender , & qui le trouble quelquefois ; c'est la reünion de son Neveu avec moy. Il craint les retours de tendresse, & les remords qu'il ressent de temps en temps ; il met tout en usage pour les dissiper, & il est secondé dans un si beau dessein par Mr l'Abbé de Grancey, frere cadet du Comte. Cét Abbé me pardonnera bien , si je rapporte icy l'étrange emportement qu'il eût contre le sieur de Francheville, lors qu'envoyé par mon mary , il venoit me proposer nôtre accommodement. Ce pauvre homme n'étoit coupable , que de s'être chargé d'une commission, que tout ce qu'il y a d'honnêtes gens eussent receuë avec plaisir ; cependant elle luy attira un fâcheux traitement, que sa seule consideration m'empêche d'expliquer davantage. Je ne pense pas que plusieurs actions de cette nature aydassent beaucoup à faire canoniser un jour l'Abbé de Grancey , ny même à le faire parvenir à la dignité aprés laquelle il aspire depuis si long-temps.

* J'ay plusieurs Lettres en main , qui marquent le desir qu'il a eu en plusieurs occasions de se reünir avec moy.

Voilà ce que je n'ay peu me dispenser de dire contre mes persecuteurs , Si Mr l'Archevêque de Roüen étoit homme à se faire justice , il avouëroit que je garde beaucoup de moderation à son égard. S'il se plaint que je perds le respect que je dois à son caractere, & à la qualité d'Oncle de mon Mary, je luy répondray que lors qu'on attaque mon honneur, je ne reconnois point de dignité, qui puisse m'empêcher de le défendre. Aprés tout, je ne luy dis que des veritez incontestables , je ne repousse point l'injure par l'injure , je combats seulement le mensonge par la verité : Si , sous le nom de mon Mary, cét Archevêque s'est emporté, jusqu'à me dire les injures les plus atroces, c'est un mauvais exemple qu'une personne bien née ne doit jamais suivre ; La honte attachée à sa calomnie l'en punit, & me vange assez; il m'a traitée avec les dernieres indignitez, dans un temps, où mon âge seul suffisoit, pour détruire les affreuses idées qu'il tâchoit de donner de ma conduite. Elle a sans doûte esté meilleure qu'il n'auroit desiré. Depuis ma separation d'avec mon mary, j'ay toûjours resté auprés de mon Pere & de ma Mere, ou dans des Monasteres de reputation : Sezanne, dont je ne fais que de sortir, Moncé, le Port-Royal, Gercy, & le Chassemidy, sont des témoins irreprochables du peu de sujet que j'ay donné à Monsieur l'Archevêque de Roüen de se déchaîner contre moy, & de faire courir de temps en temps certaines fables, qui ont si peu de vray-semblance, qu'elles ne servent qu'à faire connoître le manque de jugement de ceux qui les composent : Je méprise si fort ces fausses histoires, & leurs Auteurs, que je dédaigne de m'en plaindre ; loin de me nuire, je leur ay même l'obligation de faire connoître mon innocence , puis que l'on peut juger que ſi l'on avoit des veritez à me reprocher, on ne ſeroit pas reduit à debiter tant de menſonges.

Mais Monſieur l'Archevêque de Roüen ne s'en tient pas ſeulement à ces contes frivoles , il les accompagne ſouvent d'injures , & ce n'eſt pas même le ſeul outrage qu'il me fait , quoy que ce ſoit aſſeurement le plus ſenſible. Il me conteſte une qualité ſans fondement , & ſans apparence de raiſon , par une obſtination auſſi injuſte, qu'elle luy eſt honteuſe. Qu'il conſidere l'état cruel où il m'a reduite ; une femme ſans mary , ſeparée ſans penſion , & ſans reſtitution de dot , perſecutée depuis prés de ſeize ans , & gemiſſant ſous l'injuſtice & l'oppreſſion , voilà les funeſtes effets de ſes conſeils & de ſes ſoins. Qui ne plaindroit mon triſte ſort , & qui pourroit approuver une perſecution , qui choque également les loix de l'honneur, & du chriſtianiſme ? L'innocence ſouffre , & languit ſous un pouvoir tyrannique , toute préte à s'écrier , que ce n'eſt point ſous un regne auſſi juſte que celuy de nôtre Grand Monarque , que le plus fort peut impunément opprimer le plus foible.

Si je n'ajoûte pas icy les moyens qui prouvent la validité de mon mariage, ce n'eſt pas que je n'en aye d'indubitables ; mais il faut les expliquer en des termes que je ne connois pas. Pour être belle Niéce de Mʳ l'Archevêque de Roüen , j'avoüe que je n'ay pas pris ſon eſprit de chicane, & je la hais naturellement, autant qu'elle eſt chere & agreable à ce Prelat. Ainſi je renvoye à mon ſecond Factum, qui faira voir que mon mariage eſt inconteſtable, & que ma Requeſte civile ne reçoit aucune difficulté.

Au reſte , s'il prend envie à Mʳ l'Archevêque de Roüen de me dire de nouvelles injures, j'eſpere qu'il ne ſe ſervira que de ſa propre éloquence. Il eſt bien juſte au moins que nous combattions à armes égales ; je l'attaque ſeule, & je m'aſſeure qu'il a trop de courage pour n'en pas faire de même. Il me ſemble qu'il doit eſtre content de ſe ſervir du menſonge, & de la calomnie , comme il a deja fait , ſans chercher encore d'autres avantages contre moy.

Comme j'aprens tous les jours, que Monſieur l'Archevêque de Roüen fait courir mille faux bruits ſur mon mariage ; je me crois obligée de déſabuſer les perſonnes, qui auroient aſſez de credulité pour ajoûter quelque foy à ces diſcours. Et je penſe ne le pouvoir mieux faire que par la copie de mon Certificat de mariage que j'ajoûte à mon Factum.

CERTI

# CERTIFICAT DE MARIAGE.
## à une heure aprés minuit 22. Novembre 1672.

JE Prestre soubsigné Vicaire de Nangis en Brie & y demeurant, déservant ordinai-
rement les Paroisses circonvoisines en l'absence ou indisposition des Curez d'icelles,
certifie à tous qu'il appartiendra, que le Lundy vingt-unième de Novembre mil six
cens soixante & douze, s'estant presenté à moy ledit jour sur les quatre heures de
relevée, au lieu de la Bretoche proche Nangis, haut & puissant Seigneur Messire
Pierre de Roussel de Medavy, Comte de Grancey, Maréchal de Camp des armées du
Roy, âgé de quarante-six ans, & veuf en secondes nopces de Dame Anne de Besan-
çon, porteur d'une dispense par luy obtenuë de Monseigneur Illustrissime & Reveren-
dissime Pere en Dieu, Loüis Armand de Simiane de Gordes, Evêque, Duc de Langres, Pair de France, le seizième jour de Novembre audit an, signé dudit Seigneur
Evêque, scellée & contresignée Aubert Secretaire dudit Seigneur, sur les trois bans
de son futur mariage, & pouvoir special de se marier hors de son Diocese avec Damoiselle Marie, Eleonor, Angelique de la Vallée Corné, fille de Messire Iean Corné,
Chevalier, Seigneur de la Vallée, & Dame Nicole Iacquelot ses Pere & Mere, de
la Paroisse saint Sulpice à Paris ; ladite Damoiselle âgée de dix-sept ans portante
attestation & certification d'un ban publié le Dimanche treizième jour de Novembre audit an, en l'Eglise & heure de la grande Messe Paroissiale dudit S. Sulpice, auquel personne ne se seroit opposé, délivré à ladite Damoiselle le quinzième jour dudit
mois & an, signé Roüillon Vicaire dudit saint Sulpice, assistée de la Dame sa Mere,
lesquels m'ont aussi fait voir le Contract de mariage passé au Pec lez saint Germain
en Laye, résidence ordinaire de la Cour le dix-septiéme jour dudit present mois &
an, auquel Contract ledit Seigneur de la Vallée Pere à signé, dont du tout ledit
Seigneur Comte estoit porteur, ainsi que des Lettres Missives à luy écrites par Monseigneur l'Archevêque de Roüen son Oncle énoncées audit Contract de mariage, par
lesquelles m'a apparu ledit Seigneur Archevêque agréer formellement iceluy Contract de mariage, & mesme aprés qu'il auroit esté signé & passé pardevant Notaires,
de luy obtenir les dispenses necessaires pour passer à la celebration d'iceluy, lesquelles
lettres Missives il m'a mis en main, & requis de le vouloir marier, sur quoy je
l'aurois remis à une heure convenable aprés minuit, pour y proceder, & de
fait s'estant derechef presenté avec ladite Damoiselle dans l'Eglise Paroissiale du
Chastel-lez-Nangis, & du consentement du sieur Curé dudit lieu, qui m'avoit requis de celebrer ledit Mariage à cause de son indisposition. En consequence de ladite
dispense dudit Seigneur Evesque, Duc de Langres, attestation, & certification
dudit Roüillon Vicaire dudit saint Sulpice, je leurs ay donné la Benediction Nup-
tiale le Mardy vingt-deuxième jour de Novembre audit an, suivant les forma-

litez ordinaires preſcrites par l'Egliſe en tel cas, & enſuite celebré la ſainte Meſſe entre une & deux heures du matin, preſens ladite Dame de la Vallée Mere, honorable homme Mᵉ Iean Goury Marchand, Louys Bontour Laboureur, & Sacriſtain ordinaire de ladite Egliſe, & Leonard le Blond, Valet de Chambre dudit Comte, leſdits Goury & Bontour demeurans audit Chaſtel-lez-Nangis, leſquels avec ladite Dame, & ledit le Blond, enſemble leſdits Mariez ont ſigné avec moy, la feüille demeurée en ladite Egliſe Paroiſſiale du Chaſtel, & miſe ez mains du ſieur Curé dudit Chaſtel dans ſa maiſon Presbiterale, où il eſtoit demeuré à cauſe de ſon indiſpoſition pour ſervir de Regiſtre, & faire foy dudit Mariage, & en preſence des autres domeſtiques dudit Seigneur Comte de Grancey & de ladite Dame de la Vallée qui n'ont ſigné pour n'en avoir eſté requis. Fait audit lieu du Chaſtel le jour vingtdeuxiéme Novembre mil ſix cens ſoixante & douze. Deſlandes.

## Extrait de la feüille du Mariage, celebré entre le Seigneur Comte de Grancey & Mademoiſelle de la Vallée, en l'Egliſe Paroiſſiale du Chaſtel-lez-Nangis, par Mʳ Deſlandes Preſtre dudit Nangis, le vingt-deuxiéme jour de Novembre mil ſix cens ſoixante & douze : En tant qu'il enſuit,

LE vingt-deuxiéme jour de Novembre audit an, furent Mariez par Monſieur Deſlandes Preſtre, demeurant à Nangis en l'Egliſe Paroiſſiale du Chaſtel, Haut & Puiſſant Seigneur Meſſire Pierre de Rouſſel de Medavy, Comte de Grancey, veuf de Anne de Beſançon & du Diocèſe de Langres, & Damoiſelle Marie, Eleonor, Angelique de la Vallée Corné de la Paroiſſe de ſaint Sulpice à Paris, avec le pouvoir donné audit Seigneur, par Monſeigneur l'Eveſque de Langres, & diſpenſe des trois Bans, ladite Damoiſelle munie d'un Ban publié en ſadite Paroiſſe ſans aucun empêchement, & toutes choſes faites dans les formes ordinaires à telles ſolemnitez, preſents Madame Nicolle Iacquelot femme de Meſſire Iean Corné, Chevalier, Seigneur de la Vallée Mere de ladite Damoiſelle Epouſe, honorable homme Mᵉ Iean Goury Marchand, Louys Bontour Laboureur, & Leonard le Blond; leſdits Goury & Bontour demeurant audit lieu du Chaſtel, & ledit le Blond demeurant avec ledit Seigneur, tous leſquels ont ſigné.

Delivré par moy Curé dudit Chaſtel à ladite Damoiſelle Epouſe, pour luy ſervir ainſi que de raiſon, ledit jour & an comme deſſus. Signé, BERIARD.


**Signifié aux Parties**

www.ingramcontent.com/pod-product-compliance
Lightning Source LLC
LaVergne TN
LVHW012126170726
843501LV00008BC/3048